Key Stage 2 Maths

TESTBOOK **1**

Standard 15 Minute Tests

Dr Stephen C Curran

Edited by Andrea Richardson

This book belongs to

Accelerated Education Publications Ltd

Do your workings on this page

Mark to %	
0	0%
1	7%
2	13%
3	20%
4	27%
5	33%
6	40%
7	47%
8	53%
9	60%
10	67%
11	73%
12	80%
13	87%
14	93%
15	100%

Maths Test 1

1) Write **10 minutes to midnight** in figures, using **am** or **pm**. _____

2) $50 - (3 \times 7) = $ _____

3) How many days are there in **4** weeks? _____

4) What is the missing number?
1, 5, _____, 13, 17

5) $\frac{15}{5} = $ _____

6) How many **fives** are there in **500**? _____

7) To work out the mean (average) of four numbers, add them, then divide by **4**. What is the mean of **2, 4, 6** and **8**? _____

8) This shape is a _____.
(pyramid, cone, cube)

9) What is the missing number?
2, 7, _____, 17, 22

10) This pie chart shows the fillings a year 4 class chose for their sandwiches.
   a) How many children like lettuce and tuna? _____
   b) How many children are in the class? _____

11) How many weeks are there in **one** year? _____

12) What is the average of **2, 5, 8** and **9**? _____

13) How many triangles are there in this drawing? _____

14) Is angle *a* acute, obtuse or reflex? _____

15) **15 minutes to 9** in the morning is written **8.45am**. Write **15 minutes to midday** in figures, using am or pm.

_____

Score _____   Percentage _____ %

© 2011 Stephen Curran

Do your workings on this page

Mark to %	
0	0%
1	7%
2	13%
3	20%
4	27%
5	33%
6	40%
7	47%
8	53%
9	60%
10	67%
11	73%
12	80%
13	87%
14	93%
15	100%

Maths Test 2

1) What is the next number?
   3, 8, 13, 18, _____

2) $\frac{1}{2}$ of 90 = _____

3) Write, in figures, the number that is **twenty** less than **three thousand**. _____

4) Round **67** to the nearest **10**. _____

5) How many right angles are there in this drawing? _____
   Remember: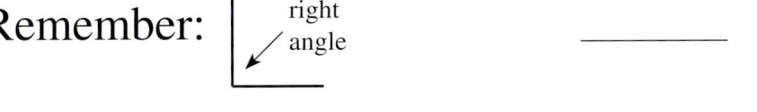

6) 2 ÷ 10 = _____

7) **Three minutes to seven** in the morning is written **6.57am**. How would **three minutes to midnight** be written? _____

8) $\frac{8}{8}$ = _____

9) Deduct **74** from **83**. _____

10) What is the next number?
    6, 16, 26, _____

11) What is the sum of **83** and **102**? _____

12) How many days are there in November, December and January? _____

13) Find the average of:
    21, 23 and **22**. _____

14) **5** and **3** are a pair of factors of **15**.
    Name a pair of factors of **54**. _____ and _____

15) Write **one minute to midday** in figures, using am or pm.
    _____

Score [ ] Percentage [%]

Do your workings on this page

Mark to %	
0	0%
1	7%
2	13%
3	20%
4	27%
5	33%
6	40%
7	47%
8	53%
9	60%
10	67%
11	73%
12	80%
13	87%
14	93%
15	100%

Maths Test 3

1) What number is a factor of both **28** and **35** (exclude **1**)? _____

2) $2 = \frac{?}{9}$ _____

3) $1\frac{3}{4} = \frac{?}{4}$ _____

4) What is **11** more than **11 × 7**? _____

5) Even numbers are **2, 4, 6**, etc. and odd numbers are **1, 3, 5**, etc. What is the sum of the even numbers between **5** and **13**? _____

6) Put in order starting with the largest.
$\frac{1}{2}$ $\frac{4}{5}$ $\frac{7}{8}$ _____

7) Find the average of **5, 9** and **13**. _____
(Hint: find the total and divide)

8) If **56** is divided by a number and the answer is **8**, what is the number? _____

9) Find the sum of the odd numbers between **3** and **13**. _____

10) Subtract **27** from **84**. _____

11) $\frac{3}{4}$ of **10** = _____

12) Write, in figures, the number that is **fifty-seven** more than **two thousand**. _____

13) What is the next number? **11, 26, 41,** _____

14) Write **seven minutes after eight** in the morning in figures, using am or pm. _____

15) Cans are wrapped in packs of **6**. How many packs are needed for **42** cans? _____

Score ____ Percentage ____ %

Do your workings on this page

Mark to %	
0	0%
1	7%
2	13%
3	20%
4	27%
5	33%
6	40%
7	47%
8	53%
9	60%
10	67%
11	73%
12	80%
13	87%
14	93%
15	100%

Maths Test 4

1) Which is an odd number?
   30   13   28   2 _____

2) $3 = \dfrac{30}{?}$ _____

3) What number is halfway between **15** and **31**? _____

4) How many acute angles are there in this triangle? _____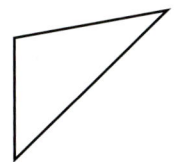

   Remember: an acute angle is less than a right angle.

5) Write **twenty minutes past 6** in the evening in figures, using am or pm. _____

6) What is the next number?

   138, 147, 156, 165, _____

7) Luxury chocolates are packed in boxes of **8**. How many boxes are needed for **72** chocolates? _____

8) What is **526** to the nearest **ten**? _____

9) What is the average of **20**, **26** and **20**? _____

10) What is half of the difference between **38** and **12**? _____

11) 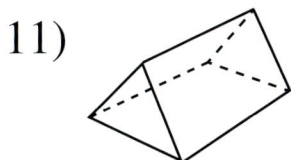 This shape is a _____.

    (square-based pyramid, triangular prism, cone)

12) A common factor of **8** and **12** is **4**. Write a common factor of **63** and **56** (exclude **1**). _____

13) What number is at **X** on this number line? _____

    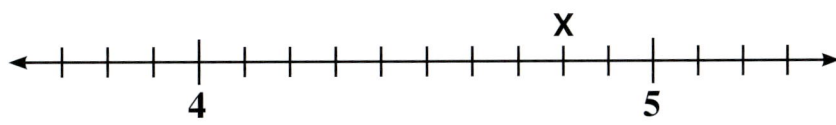

14) What number is halfway between **9** and **23**? _____

15) Name two common factors of **54** and **45** (exclude **1**). _____ and _____

Score [   ]   Percentage [%]

Do your workings on this page

Mark to %	
0	0%
1	7%
2	13%
3	20%
4	27%
5	33%
6	40%
7	47%
8	53%
9	60%
10	67%
11	73%
12	80%
13	87%
14	93%
15	100%

Maths Test 5

1) $4 = \dfrac{?}{10}$ _____

2) Which number is even?
   772   483   395   227 _____

3)    This shape is a _____.
   (sphere, tetrahedron, cylinder)

4) Name two common factors of **42** and **63** (exclude **1**). ___ and ___

5) How many obtuse angles are there in this parallelogram? _____
   Remember: an obtuse angle is bigger than a right angle.
   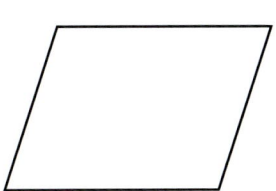

6) Put in order beginning with the largest.
   $\dfrac{1}{3}$ $\dfrac{1}{4}$ $\dfrac{1}{2}$ _____

7) Find the average of **32**, **28** and **30**. _____

8) Round **104** to the nearest **ten**. _____

9) What is the missing number?
   2.0, 2.5, 3.0, ___, 4.0

10) What is the product of **12** and **5**? _____

11) Name two common factors of **6** and **48** (exclude **1**). ___ and ___

12) $0.7 = \dfrac{7}{10}$ Write **0.4** as a fraction in lowest terms. _____

13) How many acute angles are there in this diagram? _____
    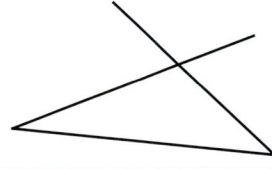

14) What is double the difference between **29** and **35**? _____

15) Write **11 minutes to eleven** at night in figures, using am or pm. _____

Score ___   Percentage ___ %

Do your workings on this page

Mark to %	
0	0%
1	7%
2	13%
3	20%
4	27%
5	33%
6	40%
7	47%
8	53%
9	60%
10	67%
11	73%
12	80%
13	87%
14	93%
15	100%

Maths Test 6

1) **24** is the product of **6** and **4**. What is the product of **8** and **11**? ___

2) Which is the smallest? **2.0 0.2 $\frac{1}{2}$ 1.2** ___

3) What is the product of **9** and **7**? _____

4) A digital clock says **08:16**. How many minutes is it to **9 o'clock**? ___

5) Write these in order of size, beginning with the largest. $1\frac{1}{10}$ $1\frac{1}{4}$ $\frac{3}{4}$ _____

6) What is the missing number? **49, 37, ___, 13**

7) $1.2 = 1.0 + \frac{1}{?}$ ___

8) How many surfaces (faces) does this cube have? ___

9) Write **10 minutes to 10** in the morning in figures, using am or pm. _____

10) What number is a factor of both **77** and **121** (do not include **1**)? _____

11) Round **37** to the nearest **ten**. _____

12) **2.3** = _____ tenths

13) Is angle z in this trapezium acute, a right angle or obtuse? _____

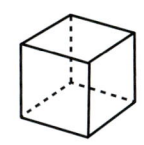

14) How many acute angles does this drawing have? _____

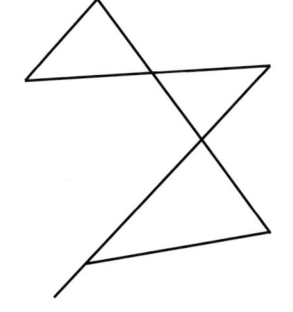

15) A tablespoon holds **2** dessertspoonfuls. A dessertspoon holds **4** teaspoonfuls. How many teaspoonfuls will fill **2** tablespoons? _____

Score ___ Percentage ___ %

Do your workings on this page

Mark to %	
0	0%
1	7%
2	13%
3	20%
4	27%
5	33%
6	40%
7	47%
8	53%
9	60%
10	67%
11	73%
12	80%
13	87%
14	93%
15	100%

Maths Test 7

1) Write $\frac{12}{10}$ as a decimal. _____

2) ___ × 17 = 51

3) What number is at **X** on this number line? _____

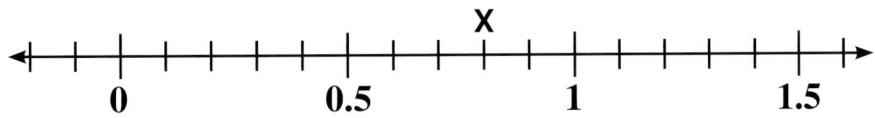

4) Round **197** to the nearest **ten**. _____

5) How many corners (vertices) does a cuboid have? _____

6) What is the product of **9** and **12**? _____

7) What are the next two numbers? **10**, **25**, **40**, ___, ___

8) If one is added to an odd number, is the answer even or odd? _____

9) Put in order starting with the largest. **4.0 0.4 3.9** ___ ___ ___

10) The time is **9.36pm** at present. How many minutes is it until **ten o'clock** at night? _____

11) How many tenths are there in **3.5**? _____

12) Find the average of **26**, **16** and **36**. _____

13) Write **1.3** as a fraction or mixed number. _____

14) Divide **1,000** by **10**. _____

15) Write **twelve minutes to five** in the afternoon in figures, using am or pm. _____

Score ☐ Percentage ☐ %

Do your workings on this page

© 2011 Stephen Curran

Mark to %	
0	0%
1	7%
2	13%
3	20%
4	27%
5	33%
6	40%
7	47%
8	53%
9	60%
10	67%
11	73%
12	80%
13	87%
14	93%
15	100%

Maths Test 8

1) $4 = \dfrac{?}{100}$ _____

2) What are the next two numbers?
   25, 50, 75, ____, ____

3) Take **1.8** from **2.0**. _____

4) What is the average of **1, 4, 7** and **12**? _____

5) A number multiplied by itself makes a square number. e.g. **4 × 4 = 16**. What is the next square number after **16**? ___

6) **0.86 × 10 =** _____

7) A rack holds **10** CDs. Racks are sold **3** in a box. How many CDs can fit into **4** boxes of racks? _____

8) Deduct **0.9** from **1.4**. _____

9) How many obtuse angles does this drawing have? _____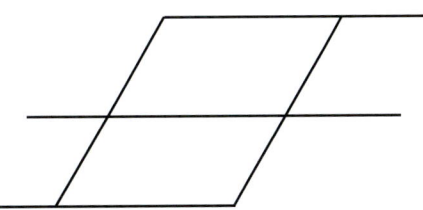

10) Which is a square number? **12 24 36 48** _____

11) Write **29 minutes past 10** in the morning in figures, using am or pm. _____

12) Round **69** to the nearest **ten**. _____

13) Write **ten thousand, nine hundred and fifty-two** in figures. _____

14) Are the angles in an equilateral triangle acute, obtuse or reflex? _____

15) What number is at **Y**? _____

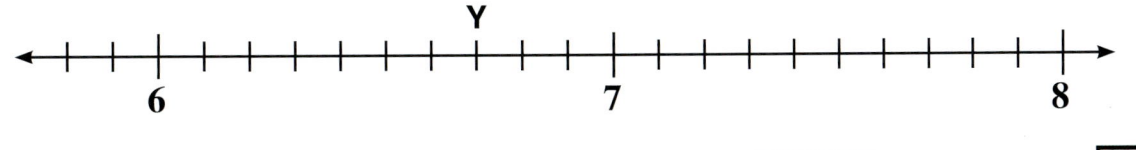

Score ☐   Percentage ☐ %

Do your workings on this page

Mark to %	
0	0%
1	7%
2	13%
3	20%
4	27%
5	33%
6	40%
7	47%
8	53%
9	60%
10	67%
11	73%
12	80%
13	87%
14	93%
15	100%

Maths Test 9

1) $6.4 \times 10 =$ _____

2) Take **1.1** from **10.0**. _____

3) $16 \times 8 = 8 \times$ _____

4) What is the missing number?

   15, _____, **45**, **60**

5) Reduce **5** by **3.6**. _____

6) 4^2 (4 squared) means 4×4

   $4^2 = 16$

   What is 9^2? _____

7) $1\frac{85}{100} = \frac{}{100}$

   Convert to an improper fraction.

8) This dot pattern shows **6** is a triangular number.

   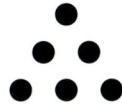

   Draw a dot pattern to show that **10** is a triangular number.

9) Write **15 minutes to 9** in the morning in figures, using am or pm. _____

10) Paul's grandfather was **80 two** years ago. How old will he be in **8** years' time? _____

11) Are the angles in this pentagon all obtuse, right angles or acute? _____

    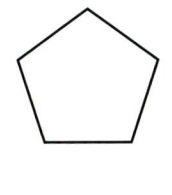

12) What number is a common factor of **77** and **132** (exclude **1**)? _____

13) A school concert started at **7.30pm** and ended at **9.25pm**. How long was the concert? _____

14) Write **four thousand and twenty-two** in figures. _____

15) Is **11** a rectangular number? _____

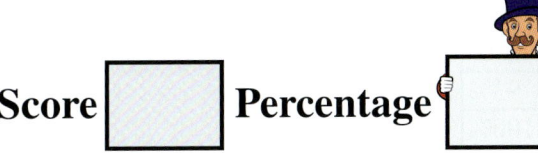

Score _____ Percentage _____ %

Do your workings on this page

Mark to %	
0	0%
1	7%
2	13%
3	20%
4	27%
5	33%
6	40%
7	47%
8	53%
9	60%
10	67%
11	73%
12	80%
13	87%
14	93%
15	100%

Maths Test 10

1) $3^2 = 3 \times 3$
   $5^2 = 5 \times 5$
   $7^2 =$ ___ $\times$ ___ $=$ _____

2) Take $\frac{3}{4}$ from $2\frac{1}{8}$. _____

3) What is **half** of **76**? _____

4) The shape of a football is a _____.

5) $0.09 = \frac{9}{?}$ _____

6) $4^2 = 16$
   $12^2 =$ _____

7) Decrease **five thousand** by **400**.
   _____

8) Draw a dot pattern to show **15** is a triangular number.

9) There are **16** chocolates in **half** a box. How many chocolates are there in $\frac{1}{4}$ of a box? _____

10) Take **0.02** from **0.1**. _____

11) $0.63 \times 10 =$ _____

12) A bus left Manchester at **8.30am** and arrived at its destination at **12.20pm**. How long did the journey take? _____

13) Are the angles inside this octagon obtuse, acute or reflex?
    _____

14) What is the missing number?
    100, 84, ___, 52, 36

15) Draw a dot pattern to show **12** is a rectangular number.

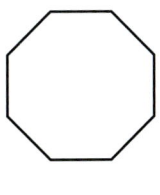

Score [ ] Percentage [ ] %

Do your workings on this page

Mark to %	
0	0%
1	7%
2	13%
3	20%
4	27%
5	33%
6	40%
7	47%
8	53%
9	60%
10	67%
11	73%
12	80%
13	87%
14	93%
15	100%

Maths Test 11

1) What is **6** squared (**6²**)? _____

2) What are the next two numbers?
   13, 26, 39, ___, ___

3) How many obtuse angles are there in a regular hexagon? ___

4) If **46** is halved and **19** is subtracted, what is the answer? ___

5) How many minutes are there in **10** hours? _____

6) **6.3** × **10** = _____

7) What are the factors of this rectangular number?

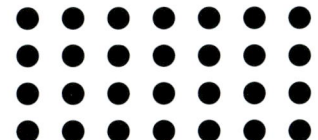

___ ___ ___ ___ ___ ___

8) Write $\frac{72}{100}$ as a decimal. _____

9) Write **0.03** as a fraction. _____

10) Abigail achieved **73** marks in English; **71** marks in science; **66** marks in maths. What was her average mark? _____

11) **11²** = _____

12) Take **7** from an odd number. Is the answer an odd or an even number? _____

13) This rectangular number is also a square number.

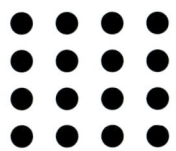

Is **25** a rectangular and a square number? Yes or no? _____

14) If a number is doubled and **3** is added, the answer is **33**. What is the number? _____

15) If it is **5am**, how many minutes have passed since **midnight**? _____

Score ___ Percentage ___ %

Do your workings on this page

Mark to %	
0	0%
1	7%
2	13%
3	20%
4	27%
5	33%
6	40%
7	47%
8	53%
9	60%
10	67%
11	73%
12	80%
13	87%
14	93%
15	100%

Maths Test 12

1) Round **2.7** to the nearest whole number. _____

2) What are the factors of the square number **49**? ___ ___ ___

3) Subtract **1.56** from **3.33**. _____

4) Find the sum of **4²** and **5²**. _____

5) Write these in order of size, beginning with the largest.
$\frac{3}{4}$ 0.7 $\frac{9}{10}$ 1.4   ___ ___ ___ ___

6) What are the next two numbers in the sequence?
6, 18, 30, ___ , ___

7) Round **6.4** to the nearest whole number. _____

8) Write **four thousand and seventy-two** in figures. _____

9) Add the triangular numbers between **5** and **13**. _____

10) Find the average of **4, 3, 16** and **9**. _____

11) Billy bought some ice-cream. It was placed in a wafer shaped like a _____.

12) Put these in order of size, beginning with the smallest.
$\frac{7}{10}$ $\frac{1}{4}$ 0.4   ___ ___ ___

13) What number is at **Z**? _____
×3   ×7
12   Z

14) What are the factors of this square (rectangular) number? ___ ___ ___

15) Write this fraction as a decimal.
$\frac{67}{100}$ = _____

Score ☐ Percentage ☐ %

Do your workings on this page

Mark to %	
0	0%
1	7%
2	13%
3	20%
4	27%
5	33%
6	40%
7	47%
8	53%
9	60%
10	67%
11	73%
12	80%
13	87%
14	93%
15	100%

Maths Test 13

1) What number is halfway between **8** and **9**? _____

2) What are the next two numbers?
16, **32**, **48**, ____, ____

3) What is the product of **72** and **10**? ____

4) There are **52** weeks in a year. How many weeks are there in **5** years? ____

5) Find the average of **5, 4, 7, 6** and **3**. ____

6) Round **9.6** to the nearest whole number. _____

7) How many vertical lines are here? _____

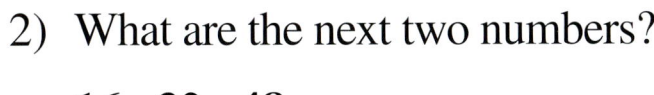

8) **64** = ____^{2}

9) What is the mathematical name for the shape of a brick? _____

10) A normal heart beats **72** times a minute. How many times does it beat in **15** seconds? ____

11) What fraction of a day is **3** hours? ____
Don't forget to simplify the fraction.

12) February has **29** days in a leap year. Every **4th** year is a leap year: **1988**, **1992**, **1996**, etc. Will **2016** be a leap year? ____

13) How many horizontal lines are here? _____

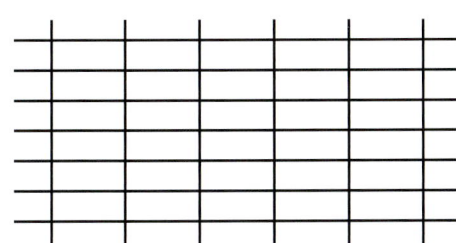

14) Deduct **0.8** from **5.0**. ____

15) $2.05 = 2.0 + \dfrac{5}{?}$ ____

Score ____ Percentage ____ %

Do your workings on this page

Mark to %	
0	0%
1	7%
2	13%
3	20%
4	27%
5	33%
6	40%
7	47%
8	53%
9	60%
10	67%
11	73%
12	80%
13	87%
14	93%
15	100%

Maths Test 14

1) $7.3 \times 100 = $ _____

2) $6 \times 19 = $ _____

3) What is the value of **10** squared? _____

4) Find the next two numbers in the sequence.
30, 60, 90, ___, ___

5) The product of two numbers is **56**. One number is **4**. What is the other number? _____

6) Find the average of **4, 6, 12** and **14**. _____

7) Write, in figures, the number that is **twenty-three** more than **fifteen thousand**. _____

8) What number is at **Z**? _____

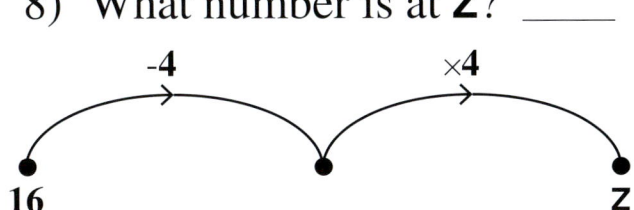

9) What are the factors of this rectangular number? ___ ___ ___ ___

10) What is the sum of 3^2 and 9^2? _____

11) **2000** was a leap year. When was the next leap year? _____

12) $3 + \frac{2}{10} + \frac{7}{100} = 3.$_____

13) What fraction of a day is **8** hours? _____

14) What are the factors of this triangular number?

___ ___ ___ ___

15) $\frac{1}{8}$ of **1000** = _____

Score ___ Percentage ___ %

Do your workings on this page

Mark to %	
0	0%
1	7%
2	13%
3	20%
4	27%
5	33%
6	40%
7	47%
8	53%
9	60%
10	67%
11	73%
12	80%
13	87%
14	93%
15	100%

Maths Test 15

1) How many faces does a cuboid have? _____

2) What is the difference between 6^2 and 8^2? _____

3) Round **12.7** to its nearest whole number. _____

4) A prime number has only itself and ___ as factors.

5) What is the sum of 1^2, 3^2 and 8^2? _____

6) Write, in figures, the number that is **four hundred** more than **thirteen thousand**. _____

7) What are the next two numbers?

   12, 24, 36, 48, ___, ___

8) Write the three prime numbers between **8** and **18**.

   ___ ___ ___

9) Add the rectangular numbers between **3** and **10** (inclusive). _____

10) $2000 - (6 \times 25) =$ _____

11) $\frac{30}{100} = \frac{3}{?}$ _____

12) How many more vertical than horizontal lines are there in this drawing? _____

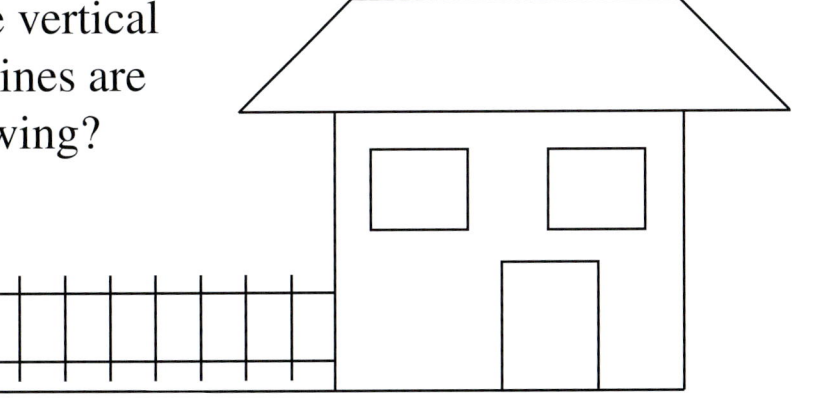

13) What is the average of **6, 7, 8, 9** and **10**? _____

14) $\frac{2}{10} = \frac{?}{100}$ _____

15) What is the sum of the first three prime numbers? _____

Score ☐ Percentage ☐ %

© 2011 Stephen Curran

Do your workings on this page

Mark to %	
0	0%
1	7%
2	13%
3	20%
4	27%
5	33%
6	40%
7	47%
8	53%
9	60%
10	67%
11	73%
12	80%
13	87%
14	93%
15	100%

Maths Test 16

1) Round **7.32** to the nearest whole number. _____

2) Write the three prime numbers between **15** and **25**. ___ ___ ___

3) **4.21** × **10** × **10** = _____

4) What number is at **Z**? _____

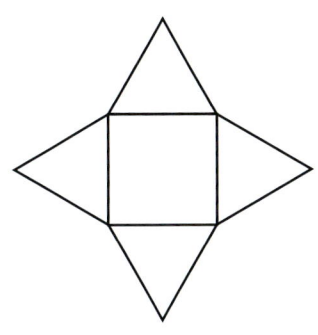

5) All prime numbers are odd numbers. True or false? _____

6) This is the net of a _____.

(cube, square-based pyramid, triangular prism, tetrahedron)

7) Put in order of size, starting with the smallest.

0.2 0.12 1.2 ___ ___ ___

8) What fraction of a day is **19** hours? _____

9) Which is the greatest?

30 6² 5² 32 _____

10) How many hundredths are there in $\frac{9}{10}$? _____

11) $\frac{5}{10} = \frac{?}{20}$ _____

12) $2^3 = 2 \times 2 \times 2$

$3^3 =$ ___ × ___ × ___

13) Tripling a number gives the same result as adding **19** to **8**. What is the number? _____

14) Which is a rectangular number?

89 97 57 101 _____

15) **0.1 − 0.01** = _____

Score ☐   Percentage ☐ %

Do your workings on this page

Mark to %	
0	0%
1	7%
2	13%
3	20%
4	27%
5	33%
6	40%
7	47%
8	53%
9	60%
10	67%
11	73%
12	80%
13	87%
14	93%
15	100%

Maths Test 17

1) What is the next shape?

      _____

2) What is **4pm** on a 24-hour clock? _____

3) $5^3 =$ _____

4) **Four** times a number is **240**. What is **half** of the number? _____

5) The wall and floor in a bedroom are _____. (parallel, vertical, perpendicular, diagonal)

6) Subtract **0.59** from **0.6**. _____

7) Round **43.6** to the nearest whole number. _____

8) $\frac{1}{2}$ of a number is **45**. What is $\frac{1}{10}$ of the number? _____

9) How many people altogether can travel in **6** two-seater sports cars, **6** seven-seater people carriers and **3** five-seater saloon cars? _____

10) What is the size of angle *a*? _____

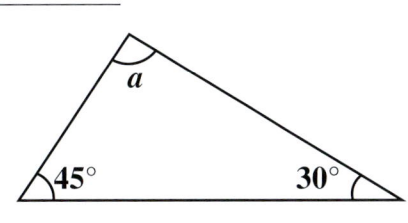

11) $1^3 =$ _____

12) What is the average of **14**, **16**, and **18**? _____

13) What is the greatest remainder possible when dividing by **30**? _____

14) What number is at **Z**? _____

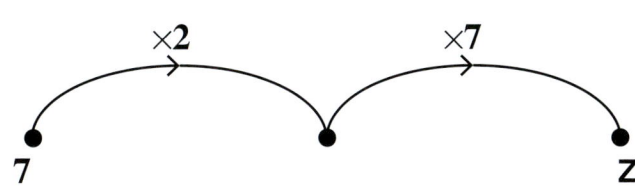

15) **Seven thousand and ninety-two** people bought tickets for an open air concert. Write this in figures. _____

Score _____ Percentage _____ %

Do your workings on this page

Mark to %	
0	0%
1	7%
2	13%
3	20%
4	27%
5	33%
6	40%
7	47%
8	53%
9	60%
10	67%
11	73%
12	80%
13	87%
14	93%
15	100%

Maths Test 18

1) What is the next number?
   50, **90**, **130**, ____

2) Which of these numbers are prime numbers?
   2 4 5 9 ____

3) Is this a scalene, an isosceles or an equilateral triangle?
   ____

4) $5^2 - 4^2 =$ ____

5) $\frac{1}{4}$ of a number is **3**. What is $\frac{1}{3}$ of the number? ____

6) The steps (rungs) on a ladder are ____ to each other. (horizontal, vertical, parallel, perpendicular)

7) $\frac{3}{9} = \frac{1}{?}$ ____

8) What is **7.15pm** on a 24-hour clock? ____

9) What is the average of **7**, **5**, **13** and **15**? ____

10) Put in order of size, starting with the smallest.
    0.34   3.9   3.06 ____ ____ ____

11) Round **9.19** to the nearest one (whole number). ____

12) How many people altogether can travel in **4** coaches if one has **43** seats, one has **45** seats, one has **47** seats and the fourth has **40** seats? ____

13) What fraction of an hour is **7** minutes? ____

14) Deduct $\frac{1}{100}$ from $\frac{1}{10}$. ____

15) Which digit is symmetrical? ____
    4   5   6   7   8   9

Score ____   Percentage ____ %

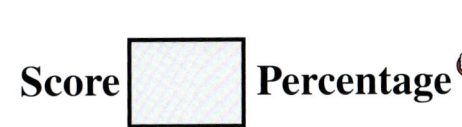

Do your workings on this page

Mark to %	
0	0%
1	7%
2	13%
3	20%
4	27%
5	33%
6	40%
7	47%
8	53%
9	60%
10	67%
11	73%
12	80%
13	87%
14	93%
15	100%

Maths Test 19

1) What type of triangle is this? _____

   (equilateral, isosceles, scalene)
   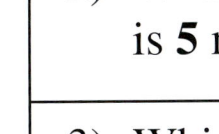

2) What fraction of an hour is **5** minutes? ____

3) Which letter is symmetrical? ____
   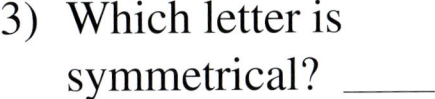

4) **Four** children are absent from a year 4 class. **Seven-eighths** of the class are at school. How many children are normally in this class? ____

5) Reduce **52 thousand** by **seven thousand**. _____

6) What is **3.45pm** on a 24-hour clock? _____

7) The product of two numbers is **84**. One number is **6**. What is the other number? ____

8) Put these in order of size, starting with the largest.

   9.9   9.09   9.99

   ____ ____ ____

9) Write $\frac{42}{77}$ in its lowest terms. _____

10) **274 ÷ 10 =** _____

11) $\frac{15}{30}$ in its lowest terms is $\frac{1}{2}$.
    Write $\frac{9}{27}$ in its lowest terms. _____

12) **0.2 − 0.04 =** ____

13) Is line **y** a parallel, horizontal or diagonal line? _____

    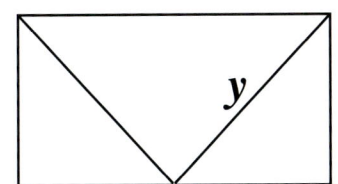

14) What is the next number?

    2, $3\frac{1}{2}$, 5, $6\frac{1}{2}$, ____

15) Subtract **0.13** from **2.4**. ____

Score \[____\] Percentage \[____\] %

Do your workings on this page

Mark to %	
0	0%
1	7%
2	13%
3	20%
4	27%
5	33%
6	40%
7	47%
8	53%
9	60%
10	67%
11	73%
12	80%
13	87%
14	93%
15	100%

Maths Test 20

1) Add the squares of **4**, **6** and **9**. _____

2) What are the factors of this rectangular number?
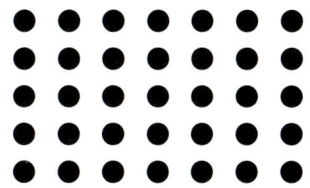
___ ___ ___ ___

3) What is **6.39pm** on a 24-hour clock? _____

4) Put these in order of size, starting with the largest.
1.1   10.0   0.11
___ ___ ___

5) What is the next number?
7, $9\frac{1}{2}$, 12, _____

6) **142 – 38 =** _____

7) Reduce **seventy thousand** by **eight thousand**. _____

8) Add $\frac{3}{10}$ and $\frac{3}{100}$. _____

9) What number is at **Z**? _____
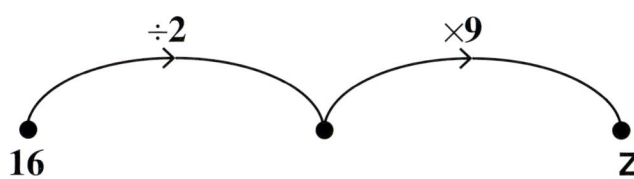

10) What fraction picture is the odd one out? _____
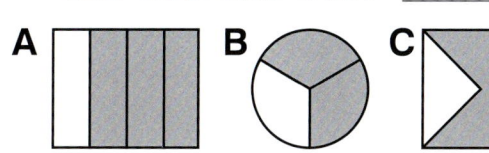

11) What fraction of one hour is **12 minutes**? _____

12) Is this a scalene, an equilateral or an isosceles triangle?
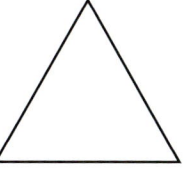
_____

13) **2.45 × 10 =** _____

14) Write $\frac{3}{15}$ in its lowest terms. _____

15) How many diagonal lines are there in this fence? _____
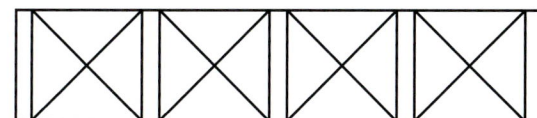

Score ____ Percentage ____ %

Do your workings on this page

Mark to %	
0	0%
1	7%
2	13%
3	20%
4	27%
5	33%
6	40%
7	47%
8	53%
9	60%
10	67%
11	73%
12	80%
13	87%
14	93%
15	100%

Maths Test 21

1) What is **9.37pm** on a 24-hour clock? _____

2) $3 + 0.2 + 0.01 =$ _____

3) Round **48.7** to the nearest whole number. _____

4) Find the average of **12, 15, 11, 6** and **16**. _____

5) Which is the odd one out: a sphere, a cube or a cuboid? _____

6) The diagonals have divided the square into four _____ triangles. (equilateral, isosceles, scalene)

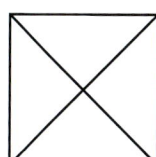

7) What fraction of an hour is **15** minutes? _____

8) Find the product of **840** and **10**. _____

9) How many complete teams of **12** players can be made from **127** children? _____

10) Write $\frac{12}{16}$ in its lowest terms. _____

11) Josh is Michelle's father. He is **six** times as old as Michelle. She will be **8** next year. How old is Josh? _____

12) $\frac{1}{10}$ of **7.4** = _____

13) Which letters are symmetrical?

E F G J L M _____

14) What is the total number of people in an office building where **14** offices have **8** people in them, **3** offices have **12** people and **2** offices have **4** people? _____

15) What fraction of a minute is **36** seconds? _____

Score _____ Percentage _____ %

Do your workings on this page

Mark to %	
0	0%
1	7%
2	13%
3	20%
4	27%
5	33%
6	40%
7	47%
8	53%
9	60%
10	67%
11	73%
12	80%
13	87%
14	93%
15	100%

Maths Test 22

1) What fraction of **1** minute is **25** seconds? _____

2) Use < or > to fill in the gap.
   1.2 ____ **2.1**

3) Reduce **16 thousand** by **twenty**. _____

4) If tomorrow is the **9th** of March, what date will it be **three** weeks from today? _____

5) Fill in the missing leap years.
   1988, ____, **1996**, ____

6) Find the average of **13**, **17**, **21**, **25** and **29**. _____

7) Which fraction pattern is the odd one out? _____

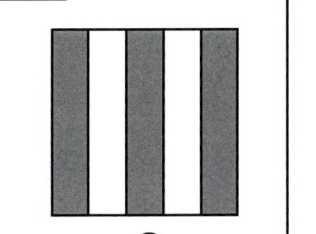

A   B   C

8) Which letters have perpendicular lines?
   A E K L N T
   _____

9) **3.3 + 0.03 =** _____

10) Write $\frac{20}{100}$ in its lowest terms. _____

11) What is the next number?
    2.5, 5, 10, ____

12) Which shape is a prism: a cuboid, pyramid or cone? _____

13) Subtract **0.12** from **6.4**. _____

14) What number is at **A**? ____

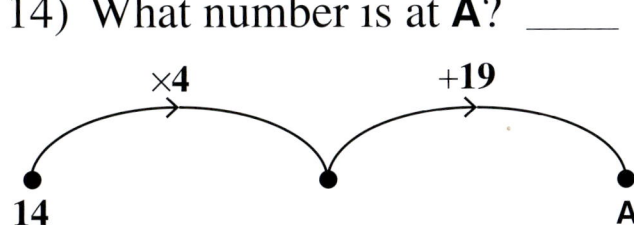

15) **Midday** is **12:00** on a 24-hour clock. How is **midnight** shown? _____

Score ☐ Percentage ☐ %

Do your workings on this page

Mark to %	
0	0%
1	7%
2	13%
3	20%
4	27%
5	33%
6	40%
7	47%
8	53%
9	60%
10	67%
11	73%
12	80%
13	87%
14	93%
15	100%

Maths Test 23

1) What is the next number?

   3, 4, 6, 9, ____

2) What is the sum of

   0.16, 0.09 and **1.6**? ____

3) What day was the **23rd** of June? ____

JUNE						
Mon	Tue	Wed	Thu	Fri	Sat	Sun
	1	2	3	4	5	6
7	8	9	10	11	12	13

4) What is the average of **14, 16** and **21**? ____

5) The product of two numbers is **108**. One number is **12**. What is the other? ____

6) Write the lowest number that is a multiple of **4** and **6**. ____

7) **10:00** on a 24-hour clock is the same as **10.00am**. Write this 24-hour clock time using **am** or **pm**:

   00:35 ____

8) Is **13** a factor of **78**? ____

9) This is the net of a _____.

   (square, cuboid, cube)

10) Find $\frac{21}{35}$ in its lowest terms. ____

11) Find the value of $7 \times 6 \times 9 =$ ____

12) $8^2 - 3^2 =$ ____

13) What is **1%** of **50**? ____

14) Which two lines are parallel to each other? ____ and ____

15) Which fraction picture is the odd one out? ____

A 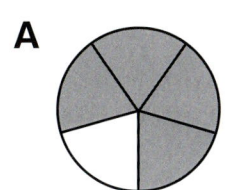   B 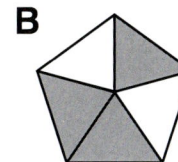   C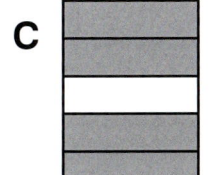

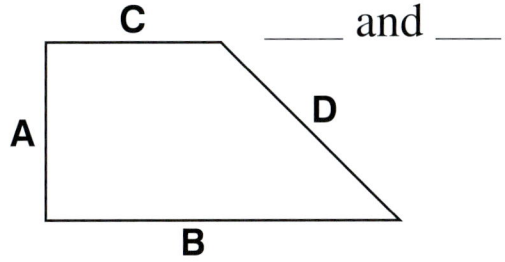

Score ____   Percentage ____ %

Do your workings on this page

Mark to %	
0	0%
1	7%
2	13%
3	20%
4	27%
5	33%
6	40%
7	47%
8	53%
9	60%
10	67%
11	73%
12	80%
13	87%
14	93%
15	100%

Maths Test 24

1) When **4** is added to half a number the answer is **9**. What is the number? _____

2) $5^2 - 4^2 =$ _____^{2}

3) Write in figures, using a decimal point, **one hundred and four and three-hundredths**. _____

4) What is the next number?
   7, 9, 12, 16, ____

5) Put these in order of size, starting with the smallest.
   $\frac{8}{10}$ $\frac{6}{100}$ **1.5**   ____ ____ ____

6) Write **50%** as a fraction in its lowest terms. _____

7) The adjacent sides of a rectangle are _____ to each other. (vertical, horizontal, perpendicular)

8) What fraction of a year is **10** months? (Write in lowest terms.) _____

9) What is the product of **14** and **7**? _____

10) $5^3 =$ _____

11) Put in order of size, starting with the smallest.
    12.5   1.1   1.15
    ____ ____ ____

12) What number is at **A**? ____

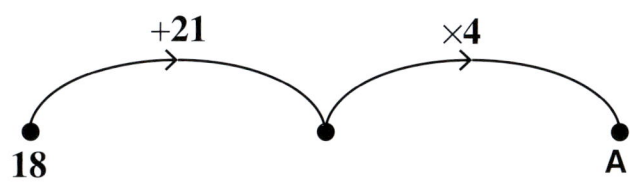

13) The lines in this magic square all add up to the same number. What is the missing number? _____

23	25	27
	25	21
23	25	27

14) In a trapezium there are always two sides which are _____. (parallel, perpendicular, diagonal)

15) If today is Tuesday the **10th** of June, what will the date be in exactly **two** weeks from tomorrow? _____

Score [ ]   Percentage [ ]%

Do your workings on this page

Mark to %	
0	0%
1	7%
2	13%
3	20%
4	27%
5	33%
6	40%
7	47%
8	53%
9	60%
10	67%
11	73%
12	80%
13	87%
14	93%
15	100%

Maths Test 25

1) Are rectangles and squares parallelograms? _____

2) The internal angles of a triangle always add up to _____°.

3) Write $\frac{27}{36}$ in its lowest terms. _____

4) Write these in order of size, starting with the smallest.

   7.91   7.09   6.99 $7\frac{9}{10}$

   _____ _____ _____ _____

5) What is the value of x?
   $x + 9 = 17$ _____

6) $\frac{7}{100}$ is written **0.07**. How is $\frac{4}{1000}$ written? _____

7) What fraction of a year is a fortnight? _____

8) What is **a quarter past midnight** on a 24-hour clock? _____

9) What number, when divided by **5**, gives an answer of **17**? _____

10) What is the next number?

    20, 23, 26, 29, _____

11) There are **28** houses in St George's Crescent. **Four** have **five** people, **two** have **four** people and **twelve** houses have **three** people. The rest have **two** people. How many people live in St George's Crescent? _____

12) What fraction of an hour is **20** minutes? _____

13) **One-quarter** of a box holds **9** chocolates. How many chocolates are there in **2** boxes? _____

14) What number is at **A**? _____

    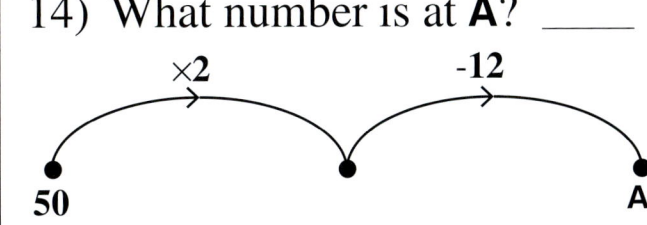

15) What fraction of this shape is shaded? Give your answer in lowest terms. _____

Score _____   Percentage _____ %

Do your workings on this page

Mark to %	
0	0%
1	7%
2	13%
3	20%
4	27%
5	33%
6	40%
7	47%
8	53%
9	60%
10	67%
11	73%
12	80%
13	87%
14	93%
15	100%

Maths Test 26

1) What is the next number?
   1, 4, 8, 13, ____

2) Find the sum of
   7^2 and **9^2**. _____

3) What is the value of
   $2 \times 7 \times 11$? _____

4) What number is at **Z**? ____

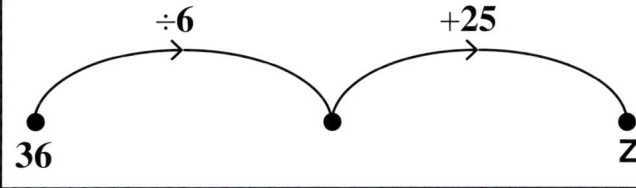

5) $4\overline{)79}$ = ____ rem. ____

6) What day is the **29th** of April? _____

7) What is **1%** of **1,000**? ____

8) Is **1.02 > 1.019**? _____

9) How many axes of symmetry does this shape have? ____

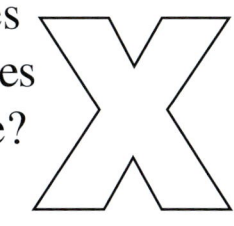

APRIL						
Sun	Mon	Tue	Wed	Thu	Fri	Sat
			1	2	3	4
5	6	7	8	9	10	11

10) **3** more than a number is the same as the product of **three** and **six**. What is the number? _____

11) What is the next number?
    3.007, 3.008, 3.009, _____

12) What fraction of the month of April is **5** days? _____

13) A television programme lasted **1** hour and **30** minutes. It started at **5.15pm** and there was a **15** minute break for the news. What time did the programme finish? _____

14) How many lines of symmetry are there in this shape? ____

15) Find the next number.
    24, 16, 10, 6, ____

Score ____ Percentage ____ %

Do your workings on this page

Mark to %	
0	0%
1	7%
2	13%
3	20%
4	27%
5	33%
6	40%
7	47%
8	53%
9	60%
10	67%
11	73%
12	80%
13	87%
14	93%
15	100%

Maths Test 27

1) Find **1%** of **200**. _____

2) Put in order of size, starting with the smallest.

    5.04   **5.012**   **5.008**

_____ _____ _____

3) Which of these is a prime number?

    57 67 77 _____

4) What is the product of 5^2 and 3^2? _____

5) What shape can this net make?

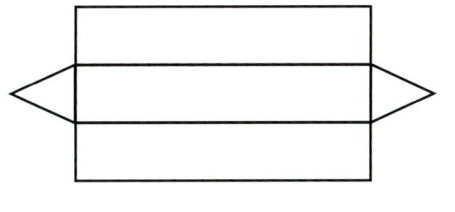

_____

6) What is **60%** as a fraction in its lowest terms? _____

7) Which of these shapes are quadrilaterals: heptagon, kite, pentagon, rhombus, trapezium? _____

8) The sides of a ladder are _____ to the rungs of the ladder. (parallel, diagonal, perpendicular)

9) The lines in this magic square all add up to the same number. What is the missing number? _____

20	19	24
	21	17
18	23	22

10) Subtract $\frac{3}{4}$ from **2.5**. _____

11) **Twenty** children out of a class of **32** are boys. What fraction are girls? Give the fraction in its lowest terms. _____

12) How many minutes are in $3\frac{3}{4}$ hours? _____

13) What fraction of a day is **4** hours (in its lowest terms)? _____

14) What is the value of *y*?

    $y + 12 = 19$ _____

15) $0.037 = \frac{37}{?}$ _____

Score [ ] Percentage [ ] %

Do your workings on this page

Mark to %	
0	0%
1	7%
2	13%
3	20%
4	27%
5	33%
6	40%
7	47%
8	53%
9	60%
10	67%
11	73%
12	80%
13	87%
14	93%
15	100%

Maths Test 28

1) What number is at **Z**? ____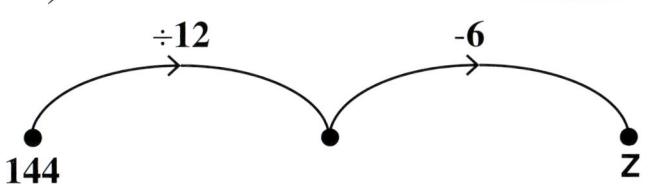

2) $\dfrac{100}{?} = 10$ ____

3) What is **0.01** of **170**? ____

4) A watch was put right at the **7.00pm** time signal. It lost a minute every hour. What time did it show at the **7.00pm** time signal the next day? ____

5) The product of three numbers is **54**. Two of the numbers are **9** and **2**. What is the other number? ____

6) The regular pentagon has ____ axes of symmetry.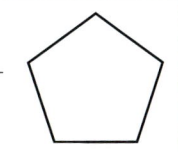

7) $9.8 = \dfrac{?}{10}$ ____

8) Add the square numbers between **2** and **30**. ____

9) $\dfrac{1}{4}$ of a number is **32**. What is the number? ____

10) Subtract **twenty thousand** from **94,750**. ____

11) Write **twenty-two thousand and sixty-nine** in figures. ____

12) $\dfrac{45}{1000} = 0.$____

13) Ryan's grandmother was born in June **1939**. What age was she in June **2008**? ____

14) **4** will divide equally into **12**. Therefore, **12** is a multiple of **4**. Other multiples of **4** are **4, 8, 16, 20**, etc. Is **54** a multiple of **4**? ____

15) What is the value of *a*?
    $a - 11 = 29$ ____

Score ☐ Percentage ☐ %

Do your workings on this page

Mark to %	
0	0%
1	7%
2	13%
3	20%
4	27%
5	33%
6	40%
7	47%
8	53%
9	60%
10	67%
11	73%
12	80%
13	87%
14	93%
15	100%

Maths Test 29

1) Round **12.51** to the nearest whole number. _____

2) Is **91** a multiple of **7**? _____

3) What number is at **B**? _____
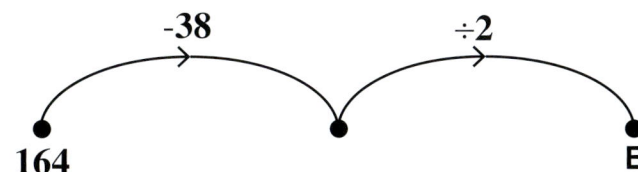

4) What is **20%** of **300**? _____

5) 6)95 = _____ rem. _____

6) Is **0.009 > 0.001**? _____

7) What is this shape?
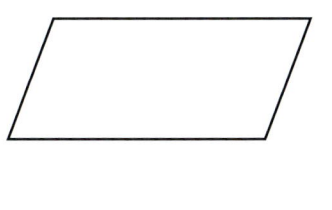
_____

8) What is the next prime number after **17**? _____

9) How many degrees are there in **five** right angles? _____°

10) Take **6-tenths** from **20.65**. _____

11) Simon lost **one-seventh** of the conkers he had collected. If he still had **24** left, how many did he originally have? _____

12) If Kirat adds **12** to a number and doubles it, he gets **32**. What number did he start with? _____

13) How many degrees is the angle made by a straight line? _____°

14) How many rectangles are here? _____
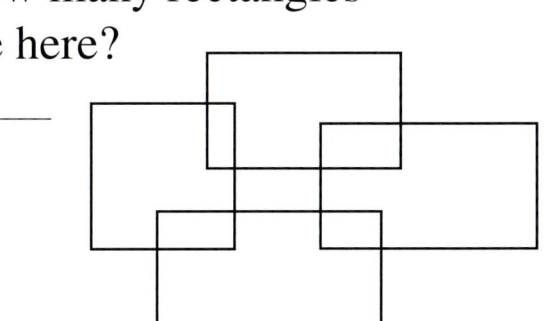

15) Write **4%** as a fraction in its lowest terms. _____

Score _____ Percentage _____ %

Do your workings on this page

Mark to %	
0	0%
1	7%
2	13%
3	20%
4	27%
5	33%
6	40%
7	47%
8	53%
9	60%
10	67%
11	73%
12	80%
13	87%
14	93%
15	100%

Maths Test 30

1) What day was the **24th** of December? _____

JANUARY						
Sun	Mon	Tue	Wed	Thu	Fri	Sat
					1	2
3	4	5	6	7	8	9

2) What is **75%** of **352**? _____

3) Deduct **nine-tenths** from **6.99**. _____

4) What is the value of *a*?
$30 - 10 = 10a$ _____

5) In a class, $\frac{2}{3}$ of the children stay at school for lunch. **Eleven** children go home. How many stay at school? _____

6) What is the greatest number that can be made by arranging the digits **2, 0, 7, 3, 6**? _____

7) How many sides does a heptagon have? _____

8) Is **72** a multiple of **9**? _____

10) How many degrees are there in **six** right angles? _____°

9) What is the next number?

9, 7.5, 6, 4.5, _____

11) The lines in this magic square all add up to the same number vertically and horizontally (not diagonally). What are the values of **A, B** and **C**? A = ___ B = ___ C = ___

10	B	12
13	13	A
14	C	14

12) What shape can this net make? _____

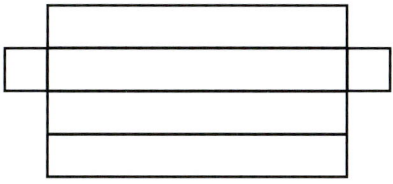

13) **6** is a triangular number. Finish the pattern to show that **21** is a triangular number.

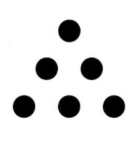

14) $0.174 = \frac{?}{1000}$ _____

15) Find $\frac{1}{100}$ of **672**. _____

Score [ ] Percentage [%]

Do your workings on this page

Mark to %	
0	0%
1	7%
2	13%
3	20%
4	27%
5	33%
6	40%
7	47%
8	53%
9	60%
10	67%
11	73%
12	80%
13	87%
14	93%
15	100%

Maths Test 31

1) Find the sum of the even numbers between **31** and **37**. ____

2) Write $\frac{3}{10}$ as a decimal. ____

3) Find the average of **15**, **19** and **23**. ____

4) Which is an acute angle? ____

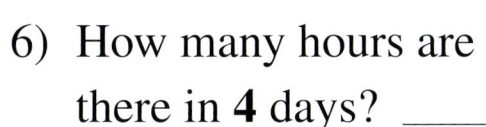

5) $7\overline{)61}$

= ____ rem. ___

6) How many hours are there in **4** days? ____

7) $8 - 4 - 1 = 17 - (10 + 3)$

True or false? ____

8) **120** pencils fit in a box. How many boxes would be needed to fit **600** pencils? ____

9) How many sides does an octagon have? ____

10) Write **0.09** as a fraction. ____

11) What is the next number?

36, 27, 19, 12, ____

12) Sam can fill **30** envelopes in **10** minutes. How many can she fill in an hour and a half? ____

13) $20 \times 4 = 16 \times$ ____

14) Write **0.029** as a fraction. ____

15) When a number is multiplied by **6** and **5** is added, the answer is **41**. What is the number? ____

Score ____ Percentage ____ %

Do your workings on this page

Mark	to %
0	0%
1	7%
2	13%
3	20%
4	27%
5	33%
6	40%
7	47%
8	53%
9	60%
10	67%
11	73%
12	80%
13	87%
14	93%
15	100%

Maths Test 32

1) What is the sum of the numbers divisible by **5**?

   38   45   27   60   25   _____

2) How many days and hours is **62** hours?

   ___ day(s) ___ hour(s)

3) Which of these angles is obtuse? ___

   A   B   C   D

4) What is the next number?

   70, 58, 46, ___

5) What is the highest number that is a factor of **48** and **36**? ___

6) Add the sum of **6** and **5** to the product of **7** and **8**. ___

7) Subtract $\frac{1}{4}$ from $\frac{1}{2}$. ___

8) What is the **first** rectangular number? ___

9) Which of the following numbers are prime numbers?

   24   23   35   29   16   _____

10) What is the next number?

    145, 130, 115, ___

11) Write $\frac{19}{1000}$ as a decimal. ___

12) $9\overline{)128}$

    = ___ rem. ___

13) Train tracks are _____.

    (vertical, parallel, perpendicular)

14) Is this true or false?

    72 > 64

    _____

15) Which of these numbers are divisible by **3**?

    20   57   36   53   99

    _____

Score ___   Percentage ___ %

Do your workings on this page

Mark to %	
0	0%
1	7%
2	13%
3	20%
4	27%
5	33%
6	40%
7	47%
8	53%
9	60%
10	67%
11	73%
12	80%
13	87%
14	93%
15	100%

Maths Test 33

1) **Half** of a number is **14**. What is $\frac{3}{4}$ of the same number? ___

2) How many minutes are there in $4\frac{1}{2}$ hours? ___

3) Which of these numbers are rectangular numbers?
   3 6 9 15 17 ___

4) What is the average of **4.5**, **9.0** and **10.5**? ___

5) Subtract $2\frac{1}{4}$ from **16**. ___

6) $128 \div 8 =$ ___

7) The lines in this magic square all add up to the same number vertically and horizontally (not diagonally). What are the values of **A** and **B**? A = ___ B = ___

14		B
A		12
15	16	9

8) What is the missing number?
   62, 49, ___, 23

9) When a number is multiplied by **6** and **12** is subtracted, the answer is **30**. What is the number? ___

10) $4 \times 4 \times 4 =$ ___

11) A group of children was surveyed about their favourite fruit.

	Favourite Fruit
Apple	｜｜｜｜ ｜｜｜｜ ｜｜
Banana	｜｜｜｜ ｜｜
Pear	｜｜｜｜ ｜｜｜｜
Grapes	｜｜｜｜ ｜｜｜｜ ｜｜｜｜ ｜｜

   a) How many more children liked grapes than pears? ___
   b) How many children were surveyed? ___

12) How many months have **31** days? ___

13) What is the next number?
    3, 6, 11, 18, ___

14) $8\overline{)178}$ = ___ rem. ___

15) Subtract **8** from the product of **9** and **3**. ___

Do your workings on this page

Mark to %	
0	0%
1	7%
2	13%
3	20%
4	27%
5	33%
6	40%
7	47%
8	53%
9	60%
10	67%
11	73%
12	80%
13	87%
14	93%
15	100%

Maths Test 34

1) What are the factors of **27**? ___ ___ ___ ___

2) How many sides does a decagon have? ___

3) Simplify $\frac{6}{16}$ = ___

4) Is this angle acute, obtuse or reflex? ___

5) Reduce **1,000** by **10**. ___

6) What is $\frac{3}{8}$ of **240**? ___

7) A crate holds **20** bananas. Crates are packed in containers of **10**. How many bananas are packed in **5** containers? ___

8) Write the common factors of **18** and **24** (exclude **1**). ___

9) **6** × **12** = **8** × ___

10) Which of the following are multiples of **7**?

37 42 64 84 96 105

___

11) Write $\frac{1}{5}$ as a decimal. ___

12) What is the next number?

78, 69, 61, 54, ___

13) When a number is multiplied by **4** and **7** is added, the answer is **23**. What is the number? ___

14) A pack of balloons contains **7** balloons. Amy needs **50** balloons. How many packs will she need to buy? ___

15) Triple **130** and add **50**. ___

Score ___ Percentage ___ %

Do your workings on this page

Mark to %	
0	0%
1	7%
2	13%
3	20%
4	27%
5	33%
6	40%
7	47%
8	53%
9	60%
10	67%
11	73%
12	80%
13	87%
14	93%
15	100%

Maths Test 35

1) How many minutes are there in **7** hours? _____

2) If **A = 4**, **B = 5**, **C = 2**, **D = 6** and **E = 3**, what is $\dfrac{C \times D \times A}{B + E}$? _____

3) Find the sum of the odd numbers between **54** and **60**. _____

4) Is this true or false?

   $7 + 12 + 21 = 12 + (2 \times 10)$

   _____

5) Which shape has **5** more sides than a square? _____

6) $11\overline{)165}$ = _____

7) Round **53.75** to the nearest whole number. _____

8) If **15** is added to a number and the result is doubled, the answer is **62**. What is the number? _____

9) James lost **one-fifth** of his sticker collection. If he still has **68** stickers left, how many did he originally have? _____

10) Take **8-hundredths** from **5.372**. _____

11) Subtract $3\tfrac{2}{3}$ from **15**. _____

12) **38** books fit on one shelf. How many shelves are needed to store **199** books? _____

13) Write **0.46** as a fraction. _____

14) Rima can type **44** words in **1** minute. How many words can she type in **3 and a half** minutes? _____

15) What are the factors of **36**? ___ ___ ___ ___ ___ ___ ___ ___ ___

Score ☐ Percentage ☐ %

Do your workings on this page

Mark	to %
0	0%
1	7%
2	13%
3	20%
4	27%
5	33%
6	40%
7	47%
8	53%
9	60%
10	67%
11	73%
12	80%
13	87%
14	93%
15	100%

Maths Test 36

1) How many days are there altogether in May, June, July and September? ____

2) What is **75%** of **292**? ____

3) How many degrees are there in **8** right angles? ____°

4) If the **28th** of December was a Saturday, what day would the **3rd** of January be?
   _____

5) What is the next number?
   25.5, **23**, **20.5**, **18** ____

6) Is **112** a multiple of **8**?
   ____

7) At a sports club, $\frac{3}{4}$ of the children prefer football. **20** children, or $\frac{1}{3}$, also like tennis. How many children prefer football? ____

8) The legs of the chair are _____ to the seat.
   (perpendicular, vertical, parallel)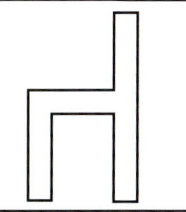

9) Which angle equals **180°**? ____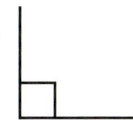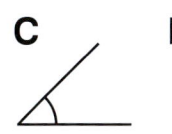
   A   B   C   D

10) How many hours are there in **3 and a half** days? ____

11) Take $\frac{1}{4}$ from **3.6**. ____

12) What is the smallest number that can be made by arranging the digits **5, 2, 9, 4, 1, 3**? _____

13) $12 \overline{)195}$ = ____ rem. ____

14) A crate holds **14** glasses. How many glasses are packed in **20** crates? ____

15) Take **6-tenths** from **3.28**. ____

Score ____   Percentage ____%

Notes

Answers

Key Stage 2 Maths
Year 4/5 Testbook 1

Test 1
1) 11.50pm
2) 29
3) 28
4) 9
5) 3
6) 100
7) 5
8) pyramid
9) 12
10) a) 10 b) 24
11) 52
12) 6
13) 5
14) reflex
15) 11.45am

Test 2
1) 23
2) 45
3) 2,980
4) 70
5) 12
6) 0.2 or $^1/_5$
7) 11.57pm
8) 1
9) 9
10) 36
11) 185
12) 92
13) 22
14) 1, 54 or 2, 27 or 3, 18 or 6, 9
15) 11.59am

Test 3
1) 7
2) 18
3) 7
4) 88
5) 36
6) $^7/_8$, $^4/_5$, $^1/_2$
7) 9
8) 7
9) 32
10) 57
11) 7.5 or $7^1/_2$
12) 2,057
13) 56
14) 8.07am
15) 7

Test 4
1) 13
2) 10
3) 23
4) 2
5) 6.20pm
6) 174
7) 9
8) 530
9) 22
10) 13
11) triangular prism
12) 7
13) 4.8
14) 16
15) 3 and 9

Test 5
1) 40
2) 772
3) cylinder
4) 3, 7 and 21
5) 2
6) $^1/_2$, $^1/_3$, $^1/_4$
7) 30
8) 100
9) 3.5
10) 60
11) e.g. 2, 3, 6
12) $^2/_5$
13) 4
14) 12
15) 10.49pm

Test 6
1) 88
2) 0.2
3) 63
4) 44
5) $1^1/_4$, $1^1/_{10}$, $^3/_4$
6) 25
7) 5
8) 6
9) 9.50am
10) 11
11) 40
12) 23-tenths
13) obtuse
14) 9
15) 16

Test 7
1) 1.2
2) 3
3) 0.8
4) 200
5) 8
6) 108
7) 55, 70
8) even
9) 4.0, 3.9, 0.4
10) 24
11) 35
12) 26
13) $^{13}/_{10}$ or $1^3/_{10}$
14) 100
15) 4.48pm

Test 8
1) 400
2) 100, 125
3) 0.2
4) 6
5) 25
6) 8.6
7) 120
8) 0.5
9) 8
10) 36
11) 10.29am
12) 70
13) 10,952
14) acute
15) 6.7

Test 9
1) 64
2) 8.9
3) 16
4) 30
5) 1.4
6) 81
7) 185
8) (dot pattern) or (dot pattern)
9) 8.45am
10) 90
11) obtuse
12) 11
13) 1hr 55mins
14) 4,022
15) no

Test 10
1) 7 × 7 = 49
2) $1^3/_8$
3) 38
4) sphere
5) 100
6) 144
7) 4,600
8) (dot pattern) or (dot pattern)
9) 8
10) 0.08
11) 6.3
12) 3hrs 50mins
13) obtuse
14) 68
15) (dot pattern) or (dot pattern)

© 2011 Stephen Curran

Key Stage 2 Maths
Year 4/5 Testbook 1

Answers

Test 11
1) 36
2) 52, 65
3) 6
4) 4
5) 600
6) 63
7) 1, 2, 4, 7, 14, 28
8) 0.72
9) $^3/_{100}$
10) 70
11) 121
12) even
13) yes
14) 15
15) 300

Test 12
1) 3
2) 1, 7, 49
3) 1.77
4) 41
5) 1.4, $^9/_{10}$, $^3/_4$, 0.7
6) 42, 54
7) 6
8) 4,072
9) 16
10) 8
11) cone
12) $^1/_4$, 0.4, $^7/_{10}$
13) 252
14) 1, 2, 4, 8, 16
15) 0.67

Test 13
1) 8.5 or 8$^1/_2$
2) 64, 80
3) 720
4) 260
5) 5
6) 10
7) 9
8) 8
9) cuboid
10) 18
11) $^1/_8$
12) yes
13) 7
14) 4.2
15) 100

Test 14
1) 730
2) 114
3) 100
4) 120, 150
5) 14
6) 9
7) 15,023
8) 48
9) 1, 3, 5, 15
10) 90
11) 2004
12) 27
13) $^1/_3$
14) 1, 2, 5, 10
15) 125

Test 15
1) 6
2) 28
3) 13
4) 1
5) 74
6) 13,400
7) 60, 72
8) 11, 13, 17
9) 37
10) 1,850
11) 10
12) 6
13) 8
14) 20
15) 10

Test 16
1) 7
2) 17, 19, 23
3) 421
4) 45
5) false
6) square-based pyramid
7) 0.12, 0.2, 1.2
8) $^{19}/_{24}$
9) 6^2
10) 90
11) 10
12) $3 \times 3 \times 3$
13) 9
14) 57
15) 0.09

Test 17
1) ▲ or black triangle
2) 16:00
3) 125
4) 30
5) perpendicular
6) 0.01
7) 44
8) 9
9) 69
10) 105°
11) 1
12) 16
13) 29
14) 98
15) 7,092

Test 18
1) 170
2) 2, 5
3) scalene
4) 9 or 3^2
5) 4
6) parallel
7) 3
8) 19:15
9) 10
10) 0.34, 3.06, 3.9
11) 9
12) 175
13) $^7/_{60}$
14) $^9/_{100}$ or 0.09
15) 8

Test 19
1) isosceles
2) $^1/_{12}$
3) T
4) 32
5) 45,000
6) 15:45
7) 14
8) 9.99, 9.9, 9.09
9) $^6/_{11}$
10) 27.4
11) $^1/_3$
12) 0.16
13) diagonal
14) 8
15) 2.27

Test 20
1) 133
2) 1, 5, 7, 35
3) 18:39
4) 10.0, 1.1, 0.11
5) 14$^1/_2$
6) 104
7) 62,000
8) $^{33}/_{100}$ or 0.33
9) 72
10) B
11) $^1/_5$
12) equilateral
13) 24.5
14) $^1/_5$
15) 8

Answers

Key Stage 2 Maths
Year 4/5 Testbook 1

Test 21
1) 21:37
2) 3.21
3) 49
4) 12
5) sphere
6) isosceles
7) $1/4$
8) 8,400
9) 10
10) $3/4$
11) 42
12) 0.74
13) E, M
14) 156
15) $3/5$

Test 22
1) $5/12$
2) <
3) 15,980
4) 29th March
5) 1992; 2000
6) 21
7) C
8) E, L, T
9) 3.33
10) $1/5$
11) 20
12) cuboid
13) 6.28
14) 75
15) 00:00

Test 23
1) 13
2) 1.85
3) Wednesday
4) 17
5) 9
6) 12
7) 12.35am
8) yes
9) cube
10) $3/5$
11) 378
12) 55
13) 0.5 or $1/2$
14) C & B
15) B

Test 24
1) 10
2) 3
3) 104.03
4) 21
5) $6/100$, $8/10$, 1.5
6) $1/2$
7) perpendicular
8) $5/6$
9) 98
10) 125
11) 1.1, 1.15, 12.5
12) 156
13) 29
14) parallel
15) 25th June

Test 25
1) yes
2) 180°
3) $3/4$
4) 6.99, 7.09, $7^9/_{10}$ 7.91
5) 8
6) 0.004
7) $1/26$
8) 00:15
9) 85
10) 32
11) 84
12) $1/3$
13) 72
14) 88
15) $1/3$

Test 26
1) 19
2) 130
3) 154
4) 31
5) 19 rem. 3
6) Wednesday
7) 10
8) yes
9) 2
10) 15
11) 3.01
12) $1/6$
13) 7.00pm
14) 8
15) 4

Test 27
1) 2
2) 5.008, 5.012, 5.04
3) 67
4) 225
5) triangular prism
6) $3/5$
7) kite, rhombus, trapezium
8) perpendicular
9) 25
10) 1.75 or $1 3/4$
11) $3/8$
12) 225
13) $1/6$
14) 7
15) 1000

Test 28
1) 6
2) 10
3) 1.7
4) 6.36pm
5) 3
6) 5
7) 98
8) 54
9) 128
10) 74,750
11) 22,069
12) 0.045
13) 69
14) no
15) 40

Test 29
1) 13
2) yes
3) 63
4) 60
5) 15 r.5
6) yes
7) parallelogram
8) 19
9) 450°
10) 20.05
11) 28
12) 4
13) 180°
14) 9
15) $1/25$

Test 30
1) Thursday
2) 264
3) 6.09
4) 2
5) 22
6) 76,320
7) 7
8) yes
9) 3
10) 540°
11) A = 11, B = 15, C = 9
12) cuboid
13)

© 2011 Stephen Curran

Key Stage 2 Maths
Year 4/5 Testbook 1

Answers

14) 174
15) 6.72

Test 31
1) 102
2) 0.3
3) 19
4) C
5) 8 rem. 5
6) 96
7) false
8) 5
9) 8
10) $^9/_{100}$
11) 6
12) 270
13) 5
14) $^{29}/_{1000}$
15) 6

Test 32
1) 130
2) 2 days & 14 hours
3) C
4) 34
5) 12
6) 67
7) $^1/_4$
8) 4
9) 23, 29
10) 100
11) 0.019
12) 14 rem. 2
13) parallel
14) true
15) 36, 57, 99

Test 33
1) 21
2) 270
3) 6, 9, 15
4) 8
5) 13.75 or $13^3/_4$
6) 16
7) A = 11, B = 19
8) 36
9) 7
10) 64
11) a) 8 b) 45
12) 7
13) 27
14) 22 rem. 2
15) 19

Test 34
1) 1, 3, 9, 27
2) 10
3) $^3/_8$
4) reflex
5) 990
6) 90
7) 1,000
8) 2, 3, 6
9) 9
10) 42, 84, 105
11) 0.2
12) 48
13) 4
14) 8
15) 440

Test 35
1) 420
2) 6 or D
3) 171
4) false
5) nonagon
6) 15
7) 54
8) 16
9) 85
10) 5.292
11) $11^1/_3$
12) 6
13) $^{23}/_{50}$
14) 154
15) 1, 2, 3, 4, 6, 9, 12, 18, 36

Test 36
1) 122
2) 219
3) 720°
4) Friday
5) 15.5
6) yes
7) 45
8) perpendicular
9) D
10) 84
11) 3.35
12) 123,459
13) 16 rem. 3
14) 280
15) 2.68

PROGRESS CHARTS

Test	Mark	%
1		
2		
3		
4		
5		
6		
7		
8		
9		
10		
11		
12		
13		
14		
15		
16		
17		
18		

Test	Mark	%
19		
20		
21		
22		
23		
24		
25		
26		
27		
28		
29		
30		
31		
32		
33		
34		
35		
36		

CERTIFICATE OF ACHIEVEMENT

This certifies

_____

has successfully completed

Key Stage 2 Maths
Year 4/5
TESTBOOK 1

Overall percentage score achieved [ ] %

Comment _____
_____

Signed _____
(teacher/parent/guardian)

Date _____